Que d'histoires !

Cahier d'activités 2

MÉTHODE DE LECTURE CP

Françoise Guillaumond
Professeur des écoles

Marie-Claude Peirtsegaele
Professeur des écoles

✂ Étiquettes à photocopier dans le guide pédagogique.

MAGNARD
www.magnard.fr

Date ....

C'est moi qui invente

Découverte de l'album

1 À partir de la couverture, imagine ce que va raconter cet album et illustre ton histoire.

TRÉSOR DE MOTS

C'est l'histoire

Date ....

Je comprends

Pages 2 à 5

1 Réponds par Vrai (V) ou Faux (F).

Fatou est une toute petite fille. → ....

Fatou vit avec sa maman. → ....

Le chef du village a confié Fatou à une femme. → ....

La femme qui garde Fatou est gentille. → ....

La femme qui garde Fatou est méchante. → ....

2 Recopie les deux phrases que la méchante femme dit à Fatou.

3 Dessine ce qui est écrit.

Fatou lave sa robe blanche dans la rivière aux crocodiles.

Date ....

Mémo p.34

J'étudie le son [l]

[l]

l

1 Colorie les l .

lapin lune hérisson lion solide phare Ludovic

2 Entoure le dessin selon la syllabe que tu entends dans le mot.

lai li lé lu

3 Écris les mots à l'aide des syllabes.

le la ti bo re du pen li va re

un ....

une ....

la ....

4 Écris les mots.

une ....

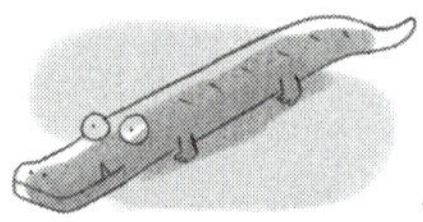

un ....

5 Écriture inventée

Écris ce que tu vois.

• ....

• ....

Date ....

Mémo p.35

J'étudie *bl, cl, fl, pl, gl*

1 Colorie le groupe de lettres que tu entends.

bl cl fl pl

bl cl pl gl

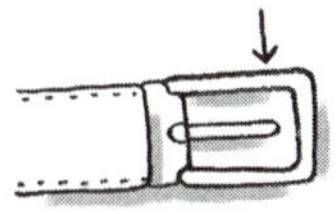

bl cl fl pl

cl fl bl gl

2 Complète les mots avec *bl*, *fl*, *pl*.

une .... èche

un carta .... e

un para .... uie

3 Écris les mots.

une ....

une ....

la ....

4 Écriture inventée

Écris ce que tu vois.

• ....

• ....

Date ....

Je comprends (1)

Pages 6 et 7

1 Souligne les mots qui ne sont pas dans le texte de l'album.

Aussitôt Fatou se met à pleurer.
Elle sait bien que personne ne s'approche jamais de la rivière aux crocodiles Baama-Ba : ni les solides guerriers, ni les femmes du village, ni les petits garçons, ni les mentons poilus, ni les talons rugueux, ni le chef.
La rivière aux crocodiles Baama-Ba est une rivière extrêmement dangereuse.
Seuls s'y aventurent les animaux sauvages, les crocodiles et les lions et certainement pas les petites filles comme Fatou.

2 Réponds aux questions.

Pourquoi Fatou doit-elle aller à la rivière ?

Pourquoi Fatou se met-elle à pleurer ?

3 Lis la phrase en gras et souligne la bonne explication.

Fatou décide d'aller laver le pilon à la rivière…

→ parce que le chef du village le lui a ordonné.

→ parce qu'elle aime aller à la rivière.

→ parce qu'elle a peur de sa méchante belle-mère.

Date ....

Je comprends (2)

Pages 6 et 7

1 Réécris chaque phrase en remplaçant le verbe entouré par un synonyme.

Fatou pleure parce qu'elle a peur.

Elle prend le pilon noirci.

Elle part à la rivière.

La femme va au village.

2 Dessine ce qui est écrit.

Fatou pleure.

Les animaux sauvages boivent à la rivière.

Mémo p.40

Date ....

J'étudie le son [n]

[n]

n

1 Entoure le dessin si tu entends [n]. Mets une croix où tu entends [n].

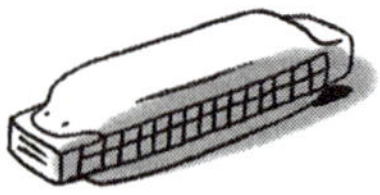    

2 Écris les mots à l'aide des syllabes.

ma · ge · nè · tar · ne · nou · ti · ge

le ....

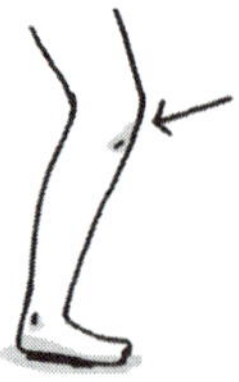

un ....

la ....

3 Écris les mots.

un ....

la ....

une ....

4 Écriture inventée Écris ce que tu vois.

• ....

• ....

Date ....

C'est moi qui invente

Pages 6 et 7

1 Dans l'album, Fatou est maltraitée par sa belle-mère. Discute avec tes camarades sur les Droits de l'enfant. Puis complète les phrases.

TRÉSOR DE MOTS

J'ai appris...

Je pense...

Date ....

Je comprends (1)

Pages 8 à 11

1 Numérote les actions dans l'ordre de l'histoire.

- ☐ Le lion rugit.
- ☐ Fatou rencontre un lion.
- ☐ Le lion secoue sa crinière.
- ☐ Le lion bondit devant Fatou.

2 Le texte de la chanson de Fatou est déchiré. Retrouve le morceau qui manque et écris-le.

Je m'app ....

Je n'ai ....

Ma belle- ....

M'en ....

Si .... -moi

.... me battra.

3 Écriture inventée

Observe ces animaux.
Écris les bruits qu'ils font à ta manière.

Date ....

Je comprends (2)

Pages 8 à 11

1 Colle les phrases dans l'ordre du texte.

2 Cherche la première lettre de chaque mot et colorie-la en rouge. Puis réécris la phrase en séparant les mots.

Vapetitefillesansmamannipapajenetemangeraipas.

3 Lis la phrase et dessine ce qui est écrit.

Fatou penche la tête sur le côté, elle a de grands yeux tristes.

Date ....

Mémo p.36

J'étudie le son [j] (1)

[j]

i, y, il, ill

1 Barre le dessin quand tu n'entends pas [j].

 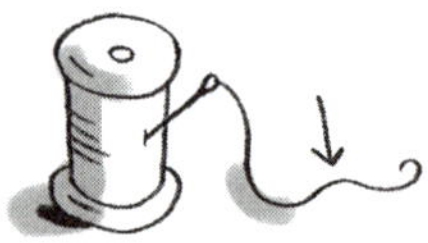   

2 Relie chaque mot au dessin qui convient.

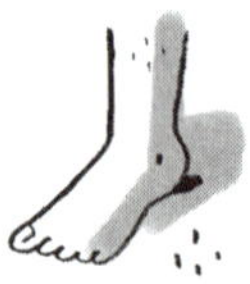   

yaourt pied chien yoyo

3 Recopie le mot qui correspond au dessin.

pilon
papillon
pantalon

un ....

fille
guenille
chenille

une ....

oreille
bouteille
oreiller

la ....

4 Écris les mots.

euil 

l' ....

ail 

l' ....

eil 

le ....

Date ....

Mémo p.37

J'étudie le son [j] (2)

[j]

eil, ail, ouil

1 Colorie ce que tu entends.

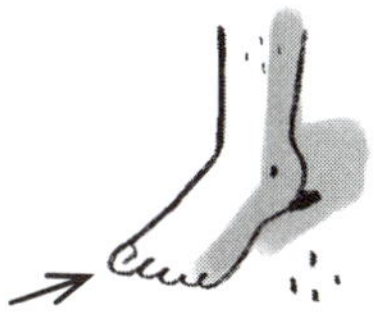

ail

eil

eil

euil

eil

ouil

euille

aille

eille

ouille

eille

aille

2 Choisis les mots qui conviennent pour compléter la grille.

OREILLE BILLES CHENILLE MAQUILLAGE
ABEILLE FILLES FAMILLE COQUILLAGE

3 Écriture inventée

Écris ce que tu vois.

• ....

• ....

Date ....

C'est moi qui invente

Pages 8 à 11

1 Choisis un animal et colle son étiquette.
Puis écris un dialogue entre cet animal et Fatou.

TRÉSOR DE MOTS

Date ....

Je comprends (1)

Pages 12 à 21

1 Relie chaque personnage à ce qu'il fait.

Le lion •

Le crocodile •

- Il écrase une larme.
- Il a de grands yeux tristes.
- Il parle en murmurant.
- Il ferme à demi ses yeux rouges.
- Il secoue tristement la queue.

2 Indique le nombre de fois où ces mots apparaissent dans les pages 12 à 18.

pilon → .... fois.

crocodile → .... fois.

rivière → .... fois.

Fatou → .... fois.

3 Numérote les phrases dans l'ordre du texte.

☐ La voilà qui frotte le pilon.

☐ Fatou se met à pleurer.

☐ Mais le pilon reste noir.

☐ Elle frotte encore et encore.

☐ Fatou s'agenouille au bord de l'eau.

☐ Elle frotte tant que le pilon glisse et tombe à l'eau.

Date ....

Je comprends (2)

Pages 12 à 21

1 Complète avec les mots des étiquettes.

un · une · des

.... crocodiles .... petite fille .... lion

le · la · les

.... gens du village .... pilon .... rivière

ce · cette · ces

.... chef .... yeux .... méchante femme

son · sa · ses

.... maman .... parents .... papa

ton · ta · tes

.... larmes .... maison .... ami

Mémo p.38 p.39

Date ....

J'étudie le son [ɛ̃]

[ɛ̃]

in ain ein

1 Colorie les lettres selon le code.

in	boudin – pince – matin – bougie
ain	main – demain – grain – cintre
ein	peinture – serpent – chien – frein

2 Entoure le dessin selon la syllabe que tu entends dans le mot.

pin phin tin sin

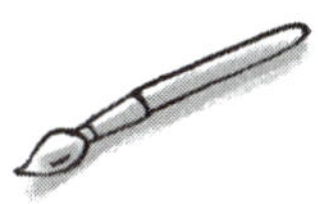

3 Écris les mots.

in	ain	ein
		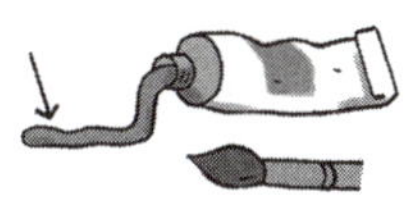
un	un	de la ....

4 Écriture inventée

Écris ce que tu vois.

• ....

• ....

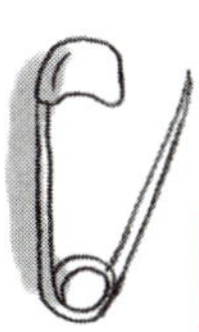

• ....

• ....

Date ....

C'est moi qui invente

Pages 12 à 21

1 Écris la suite de l'histoire telle que tu l'as imaginée, puis illustre-la.

Tu peux t'aider des mots écrits au tableau.

Date ....

Je comprends (1)

Pages 22 et 23

1 Barre les phrases qui ne correspondent pas à l'histoire.

- La belle-mère vole le pilon incrusté d'or.
- Fatou pile le mil dans un mortier.
- La belle-mère ordonne à Fatou de préparer le Tô.
- La belle-mère met la farine à cuire.
- Avec un seul grain de mil, Fatou obtient une poignée de farine.
- Avec un seul grain de mil, Fatou obtient trente poignées de farine.

2 Dessine ce qui est écrit.

Fatou entre dans la case de sa belle-mère.

La belle-mère part à la rivière avec un vieux pilon.

3 Recopie la phrase de l'album qui explique comment Fatou obtient de la farine pour le Tô.

Date ....

Je comprends (2)

Pages 22 et 23

1 Dessine ce qui est écrit.

une maison	un igloo	une case
un crocodile	un ours polaire	un chien

2 Barre l'intrus dans chaque liste.

- le kayak – le caribou – la pagaie – le pilon – la fourrure – la banquise
- le Tô – les crocodiles – le mil – le phoque – la case – le mortier

Date ....

Mémo p.42

J'étudie la lettre « x »

1 Classe les mots dans le tableau.

exemple – six – exercice – boxe – texte – dixième

[z] comme dans *deuxième*	[gz] comme dans *xylophone*	[ks] comme dans *maximum*	[s] comme dans *dix*
....	....	....	....

2 Lis les définitions et complète la grille.

cheveux – xylophone – voix – dix – deux – taxi – poux

1. Il me transporte.
2. Ça gratte quand on en a sur la tête.
3. Tu dois les coiffer le matin.
4. C'est un nombre.

a. C'est un instrument de musique.
b. Je l'utilise pour parler et chanter.
c. C'est aussi un nombre.

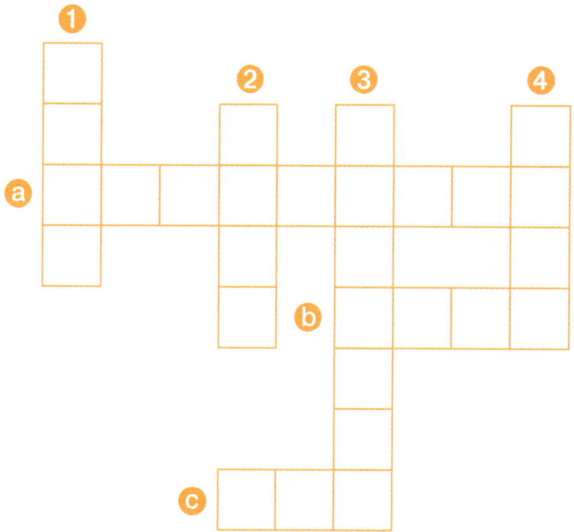

3 Écriture inventée

Écris ce que tu vois.

• ....

• ....

Date ....

C'est moi qui invente

Pages 22 et 23

1 Écris la recette d'un plat que tu connais. TRÉSOR DE MOTS

Ingrédients	Ustensiles
....	....
....	....
....	....
....	....

....

....

....

....

....

....

....

....

....

....

....

....

....

....

Date ....

Je comprends (1)

Pages 24 à 27

1 Écris de mémoire la question que pose le lion à la belle-mère.

2 Relie chaque groupe de phrases au personnage qui parle.

– Sale bête, laisse-moi !
Ça ne te regarde pas ! •

– Clac, clac…
Qui es-tu et où vas-tu ? •

– Sale bête, pousse-toi !
Ça ne te regarde pas ! •

• le crocodile

• la belle-mère

3 Observe les illustrations de l'album. Puis dessine ce qui est écrit.

Le pilon de la belle-mère **avant** la rencontre avec le crocodile.

Le pilon de la belle-mère **après** la rencontre avec le crocodile.

Date ....

Je comprends (2)

Pages 24 à 27

1 Dessine les personnages qui parlent.

Clac, clac… Qui es-tu et où vas-tu ?

Grrrr… Qui es-tu et où vas-tu ?

2 Remets la ponctuation en t'aidant de l'album.

En chemin ☐ elle croise le lion ☐ Il bondit devant elle ☐ secoue sa crinière et rugit ☐

☐ Grrrr… Qui es-tu et où vas-tu ☐

La méchante belle-mère fait une horrible grimace ☐

3 Écris une phrase interrogative (?).

4 Écris une phrase exclamative (!).

Date ....

J'étudie la lettre « i »

Mémo p.45

1 Colorie la lettre i et entoure les mots si tu entends le son [i].

sapin marmite village noirci soir petit

mardi lointain pilon palais Afrique bain

2 Écris les mots à l'aide des syllabes.

le sa co gnard di poi pin cro

le ....

un ....

le ....

3 Change la première lettre de chaque mot pour écrire un nouveau mot.

le coin → ....

une douche → ....

la peinture → ....

le singe → ....

4 Écriture inventée Écris ce que tu vois.

• ....

• ....

Date ....

C'est moi qui invente

Pages 24 à 27

1 Invente la fin du conte et illustre-la.

Tu peux t'aider des mots écrits au tableau.

Date ....

Je comprends (1)

Pages 28 à 31

1 Remets les groupes de mots dans l'ordre et écris la phrase.

jamais | au village. | ne revint | La méchante belle-mère

2 De qui s'agit-il ? Écris le bon groupe de mots.

le crocodile | les guerriers | la belle-mère | Fatou

Elle a un beau pilon doré. → ....

Elle court loin du village. → ....

Il bat la belle-mère. → ....

Ils sont invités au festin. → ....

Elle prépare un bon repas. → ....

3 Quel est le personnage que tu as le moins aimé ? Pourquoi ?

Date ....

Je comprends (2)

Pages 28 à 31

1 Colle les étiquettes dans l'ordre de l'histoire.

2 Réécris la fin du texte en faisant parler Fatou.

Fatou, avec son beau pilon doré, prépare un bon repas.
Elle invite au festin les solides guerriers, les femmes du village, les mentons poilus et les talons rugueux.

Mémo p.44

Date ....

J'étudie la lettre « o »

1 Colorie selon le code : o , on , om , oi , ou .

poisson POMPIER plonger oh pilon bondir compote

ou oi court rouge noirci roule moi Fatou lion

2 Complète les mots avec ton, ron, lon ou trom.

une .... de

un pi........

la .... pe

le men........

3 Écris les mots.

le ....

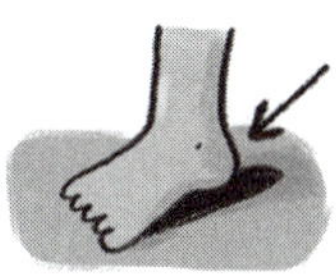

le ....

un ....

4 Écriture inventée Écris ce que tu vois.

- ....

- ....

Date ....

C'est moi qui invente

Pages 28 à 31

1 **Écris le menu de ton festin.**

Tu peux t'aider des mots écrits au tableau.

Les entrées :

....

....

....

....

Les plats :

....

....

....

....

Les desserts :

....

....

....

....

Date

Je joue avec les mots

1 Retrouve les 12 animaux cachés dans la grille et écris leur nom.

z	r	s	o	u	r	i	s	a	s
t	i	g	r	e	m	v	i	w	b
d	l	c	g	c	o	q	n	p	a
i	a	t	n	o	u	z	g	a	l
b	p	c	o	c	c	l	e	p	e
x	i	h	l	h	h	s	v	i	i
w	n	e	i	o	e	y	k	l	n
l	b	v	o	n	m	r	e	l	e
j	k	a	n	g	o	u	r	o	u
r	u	l	r	a	h	p	w	n	k

Date ....

C'est moi qui invente

Découverte del'album

1 Colle ici la couverture du livre de Lulu Vroumette que tu as inventée.

Date ....

Je comprends (1)

Pages 2 à 5

1 Relie le début et la fin de chaque phrase.

Lulu Vroumette •	• attendront bien un peu.
Le cartable de Lulu Vroumette •	• est un lièvre même pas roux et prétentieux.
Les devoirs •	• a des bretelles.
Rien-ne-sert •	• est en nage.

2 Reconstitue la phrase avec les étiquettes. Puis recopie-la.

Lulu Vroumette | de | courant | . | l' | tortue

véloce | , | école | la | rentre | en | ,

3 Dessine ce qui est écrit.

Un lièvre et une tortue font la course.

Une tortue nage.

Date ....

Je comprends (2)

Pages 2 à 5

1 Recopie ce que dit Lulu Vroumette.

Lulu Vroumette dit : «

2 Barre les phrases qui ne sont pas dans le texte.

- Lulu Vroumette est en nage.
- Le lièvre est roux et prétentieux.
- On fera les devoirs plus tard.
- Lulu Vroumette retire son cartable à bretelles.
- Comme le cartable à bretelles est léger !

3 Invente deux phrases avec le mot nage.

....

....

....

....

Mémo p.43

J'étudie le son [ɛ]

[ɛ]

esse, elle, erre, ette...

1 Écris les mots à l'aide des syllabes.

ette   relle   zelle   é   sau   ga   te

é   an   sette   pui   tenne   chou   chelle

la ....

la ....

une ....

la ....

une ....

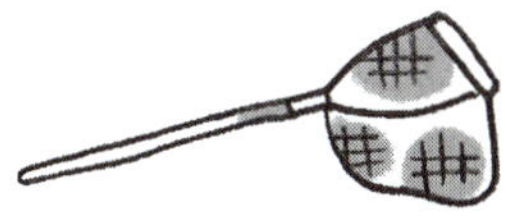
une ....

2 Écris le mot qui correspond au dessin en utilisant la syllabe donnée.

elle

une ....

la ....

une ....

ette

la ....

une ....

la ....

3 Écriture inventée   Écris ce que tu vois.

• ....

• ....

Date ....

J'étudie le son [ɛ]

[ɛ]

e + consonne

1 Dans chaque colonne, barre le mot où tu n'entends pas [ɛ].

escargot	vert	appeler
escalier	hiver	gel
peser	boucher	caramel

2 Écris les mots à l'aide des syllabes.

per me ser se her fer be ceu pent

la ....

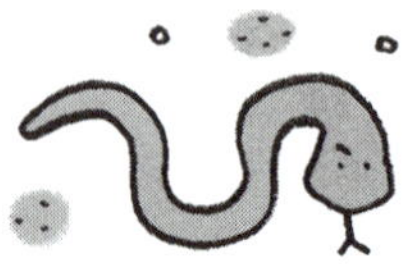
un ....

de l' ....

une ....

3 Écris les mots.

la ....

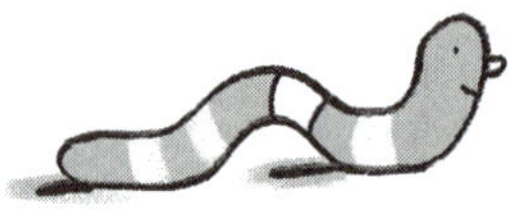
un ....

le ....

4 Écriture inventée — Écris ce que tu vois.

• ....

• ....

Date ....

C'est moi qui invente

Pages 2 à 5

1 Colle les dessins dans le bon ordre, puis raconte l'histoire.

TRÉSOR DE MOTS

....

❶ ....

....

....

❷ ....

....

....

❸ ....

....

....

❹ ....

....

....

Date ....

Je comprends (1)

Pages 6 à 9

1 Dans chaque groupe de phrases, colorie ce qui se passe en premier.

Le vent joli fait des chatouillis à Lulu Vroumette.
Lulu Vroumette quitte sa carapace de tous les jours.
Il n'y a personne.

Lulu Vroumette plonge.
Lulu Vroumette se sent légère.
Lulu Vroumette fait des ricochets.

2 Coche la phrase qui résume le mieux le texte.

- ☐ Lulu Vroumette s'installe au bord de la rivière ; elle s'amuse à faire des ricochets avec des petits cailloux plats.
- ☐ Lulu Vroumette décide de se baigner toute nue ; elle enlève sa carapace et plonge dans la rivière.
- ☐ Lulu Vroumette est contente de se baigner ; elle retire sa carapace et enfile son maillot de bain.

3 De qui s'agit-il ? Écris le bon groupe de mots.

Lulu Vroumette — L'eau de la rivière — Le vent joli

Elle se sent légère. → ....

Elle est chaude et claire. → ....

Il fait des chatouillis. → ....

Elle est douce. → ....

Elle se baigne toute nue. → ....

Date ....

Je comprends (2)

Pages 6 à 9

1 Écris le numéro de l'étiquette qui convient devant chaque liste de mots.

❶ la rivière de Lulu ❷ la maison ❸ l'Afrique

☐ la chambre – les escaliers – le lit – la cuisine
le couloir – la machine à laver

☐ les poissons – les nénuphars – la libellule
l'eau – la grenouille

☐ le crocodile – le pilon – la case – le mil
le lion – le chef du village

2 Réponds par Vrai (V) ou Faux (F).

Lulu Vroumette sait nager la brasse. → ....

Lulu Vroumette sait nager comme un petit chien. → ....

Lulu Vroumette sait nager sur le dos. → ....

Lulu Vroumette nage avec sa carapace. → ....

3 Comment le sait-on ? Mets une croix dans la colonne qui te le dit.

	C'est écrit dans le texte	Je le vois sur les images
Le soleil regarde sa montre.		
Les nuages filent.		
La libellule regarde Lulu Vroumette.		

Date ....

Mémo p.47

J'étudie la lettre « u »

1 Colorie selon le code.

u	ou	→ mur – Vroumette – rue – Lulu – chatouillis
un	um	→ parfum – brun – aucun – jungle – humble

2 Recopie les mots en séparant les syllabes.

douche

......	......

taupe

......	......

aspirateur

......	......	......	......

3 Écris les mots en utilisant les lettres données.

eu

9

....

une ....

ou

le ....

une ....

eau

un ....

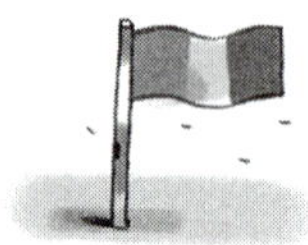

un ....

4 Écriture inventée

Écris ce que tu vois.

• ....

• ....

Date ....

C'est moi qui invente

Pages 6 à 9

1 Choisis un animal et écris ce qu'il dit pour se présenter.

Tu peux t'aider des mots écrits au tableau.

« Bonjour, je suis ....

Je vis ....

Je m'appelle ....

Regardez comme je sais .... !

Je sais aussi ....

J'aime ....

Par contre, je n'aime pas .... »

2 Dessine ton animal.

Date . . . .

C'est moi qui fabrique

Pages 6 à 9

1 **Lis cette fiche, puis suis les indications pour fabriquer une maquette de la rivière de Lulu Vroumette.**

La rivière de Lulu Vroumette

Matériel

- 1 boîte à chaussures
- de la peinture bleue et jaune
- du fil
- des feutres
- du scotch
- des bandes de papier crépon vert
- de la colle
- du carton souple à découper
- des ciseaux
- des pinceaux

Étape 1

J'enlève le couvercle de la boîte à chaussures.
Je la pose sur un grand côté.
Je peins le bas en bleu (la rivière) et le haut en jaune (le ciel).

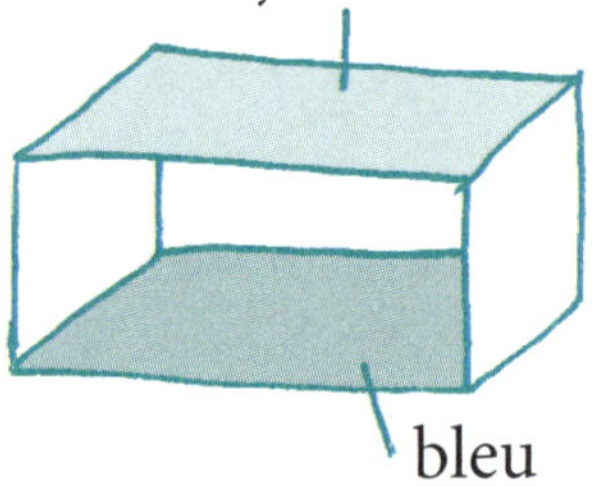

Étape 2

Je colle des bandes de papier crépon vert sur le fond de la boîte pour faire l'herbe.
Je découpe des ronds de tailles différentes dans le crépon vert et je les colle sur le bord peint en bleu (pour faire les nénuphars).

Étape 3

Je dessine des silhouettes de poissons, de libellules, etc., sur le carton souple.
Je les colorie et je les découpe.

Étape 4

Je colle les poissons dans la rivière.
J'accroche la libellule à un fil et je la suspends au ciel avec du scotch.

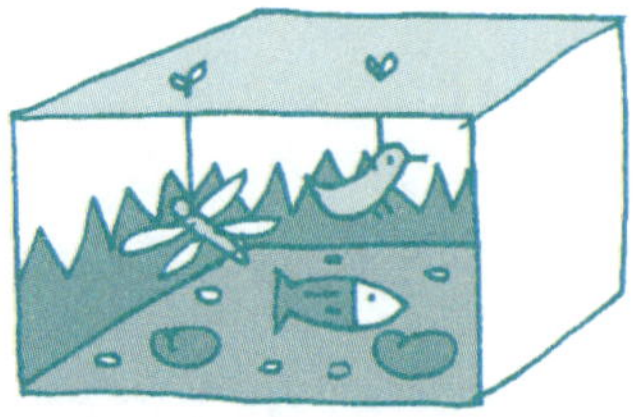

Date ....

Je comprends (1)

Pages 10 à 13

1 Entoure la phrase qui explique ce que veut Lulu Vroumette.

- Lulu Vroumette veut aller se coucher.
- Lulu Vroumette veut retrouver sa carapace.
- Lulu Vroumette veut faire ses devoirs.

2 Barre les phrases qui ne sont pas dans le texte.

- Lulu Vroumette regarde autour d'elle.
- Elle ne voit rien.
- Lulu Vroumette n'a pas la berlue.
- Sa jolie carapace a disparu !
- Elle ne voit que le cartable à bretelles.
- Lulu Vroumette cherche partout, sur les feuilles et sous les arbres.
- « Vite, il faut la retrouver. »
- Aussitôt dit, aussitôt fait.

3 Numérote les phrases dans l'ordre de l'histoire.

- [ ] Lulu Vroumette se roule dans l'herbe pour s'essuyer.
- [ ] Lulu Vroumette sort de l'eau.
- [ ] Lulu Vroumette regarde autour d'elle.
- [ ] Lulu Vroumette cherche partout.
- [ ] Sa jolie carapace a disparu !

Date ....

Je comprends (2)

Pages 10 à 13

1 Aide-toi de ton album pour compléter les morceaux du texte.

Elle se roule .... pour s'essuyer
et enfile ....
Mais non, elle n'a pas ....

2 Complète avec les mots des étiquettes.

les · le · sa · des · son · les

.... soleil .... feuilles
.... carapace .... cartable
.... ricochets .... grenouilles

3 Transforme les phrases en remplaçant les groupes de mots entourés par chacun des mots-étiquettes.

Les feuilles tombent dans la rivière. — La carapace · Le caillou

dans la rivière.
dans la rivière.

Lulu Vroumette sort de l'eau. — Les grenouilles · Le petit chien

de l'eau.
de l'eau.

Date ....

Les lettres finales muettes

s, t, d

1 Écris le mot qui correspond au dessin. Utilise la lettre finale muette donnée.

s

....

....

t

....

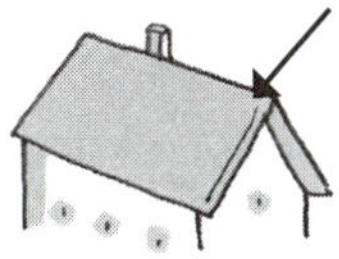
....

d

....

....

2 Trouve le mot caché et écris-le.

ja[mais] → mais

souvent → ....

partout → ....

autrefois → ....

depuis → ....

3 Écriture inventée

Écris ce que tu vois.

• ....

• ....

Date ....

C'est moi qui invente

Pages 10 à 13

1 Imagine la suite de l'histoire de Lulu Vroumette. Illustre-la.

Tu peux t'aider des mots écrits au tableau.

Lulu Vroumette ramasse son cartable à bretelles et part à la recherche de sa carapace.

Date ....

Je comprends (1)

Pages 14 à 21

1 Colle l'étiquette qui correspond à chaque personnage.

- Tiens, **Bavouille l'escargot !**

- Tiens, **Beaux-z'yeux, la taupe !**

- Tiens, **Frétillette la truite !**

- Tiens, **Chante-faux le rossignol !**

2 Écris les deux phrases que dit Lulu Vroumette à Frétillette la truite.

- ....
- ....

3 Dessine ce qui est écrit.

L'escargot a perdu sa coquille.

Le rossignol dort dans son nid.

Date ....

Je comprends (2)

Pages 14 à 21

1 Complète les phrases suivantes.

L'escargot s'appelle Bavouille parce qu'il ....

....

La taupe s'appelle Beaux-z'yeux parce qu'elle ....

....

La truite s'appelle Frétillette parce qu'elle ....

....

Le rossignol s'appelle Chante-faux parce qu'il ......

....

2 De qui s'agit-il ? Écris le bon groupe de mots.

Lulu Vroumette | Bavouille | Beaux-z'yeux | Frétillette | Chante-faux

Elle se sent bête. → ....

La pierre, dans la rivière, est sa maison. → ....

Il n'a pas pris la carapace du lundi. → ....

Elle est étourdie. → ....

Son nid sur la branche lui suffit bien. → ....

Elle a sa galerie dans la terre. → ....

Date ....

Je comprends (3)

Pages 14 à 21

1 Remets la ponctuation en t'aidant de l'album.

Tiens ☐ Beaux-z'yeux, la taupe ☐

☐ Dis ☐ madame la taupe ☐

est-ce que tu n'aurais pas pris ☐ par mégarde ☐

ma carapace du mardi ☐

☐ Bah ☐ Pourquoi ça ☐ J'ai ma galerie dans la terre ☐

2 Continue les phrases.

Lulu Vroumette se désole : « ....

Lulu Vroumette s'écrie : « ....

Lulu Vroumette dit : « ....

3 Indique le nombre de fois où ces phrases apparaissent dans les pages 14 à 20 de ton album.

Bon, continuons. → .... fois.

Pourquoi ça ? → .... fois.

C'est vrai, que je suis bête ! → .... fois.

Passe ton chemin. → .... fois.

C'est ma maison. → .... fois.

C'est vrai, pardon. → .... fois.

Mémo p.46

Date ....

J'étudie la lettre « a »

1 Colorie selon le code.

au eau →	épaule – château – beau – dinosaure – artichaut
an am →	manteau – pantalon – orange – jambe – enfant

2 Recopie les mots en séparant les syllabes.

araignée

..... | ..... | .....

tableau

..... | .....

ambulance

..... | ..... | ..... | .....

3 Écris les mots

ain

....

....

....

ai

....

....

....

4 Écriture inventée

Écris ce que tu vois.

• ....

• ....

Date ....

C'est moi qui invente

Pages 14 à 21

1 Écris le dialogue entre Lulu Vroumette et Doux-miel l'abeille. (Attention à la ponctuation !)

Tu peux t'aider des mots écrits au tableau.

2 Dessine Doux-miel l'abeille dans sa maison.

Date ....

Je comprends (1)

Pages 22 à 27

1 Coche la bonne réponse.

Lulu Vroumette rentre chez elle

- ☐ parce qu'il est tard.
- ☐ parce qu'elle veut recevoir une fessée.
- ☐ parce qu'elle retrouve le chemin de sa maison.

Lulu Vroumette a froid

- ☐ parce qu'elle a oublié sa carapace à l'école.
- ☐ parce que ses parents ne lui ouvrent pas la porte.
- ☐ parce qu'elle est toute nue.

2 Numérote les phrases dans l'ordre de l'histoire.

- ☐ Lulu Vroumette rentre chez elle dans la nuit.
- ☐ Vroumette voudrait pleurer.
- ☐ Le soleil est déjà devant sa maison.
- ☐ Lulu Vroumette prépare son petit derrière douillet.
- ☐ Sa maman et son papa ne la reconnaîtront pas.

3 Recopie la phrase que dit Lulu Vroumette à la page 24.

Date ....

Je comprends (2)

Pages 22 à 27

1 Complète les phrases avec les étiquettes.

Bientôt, il fera nuit noire et [ ].

Lulu Vroumette est [ ].

Vroumette voudrait [ ].

Mais elle [ ].

Réécris ces phrases en utilisant les mots de l'album.

Bientôt, ...

....

....

Mais ....

2 Transforme les phrases en suivant l'exemple.

Elle rentre chez elle. → Elle ne rentre pas chez elle.

Ses parents sont partis. → *Ses* ....

Elle a froid. → *Elle* ....

Sont-ils à la maison ? → Ils ne sont pas à la maison.

Pleure-t-elle ? → *Elle* ....

Est-elle désespérée ? → *Elle* ....

Mémo p. 18 p. 19

Date ....

J'étudie le son [s]

[s]

s ss c ç tion

1 Écris les mots en t'aidant des syllabes.

tions pé ra o

des ....

cré a ré tion

la ....

na tion ta

la ....

2 Lis les définitions et complète la grille avec les mots qui conviennent.

escargot glace chaussons addition garçon sabre

❶ Elle fond.
❷ Il aime la pluie.
❸ Ce n'est pas une fille.
❹ Il sert au pirate.
❺ On les porte à la maison.
❻ C'est une opération.

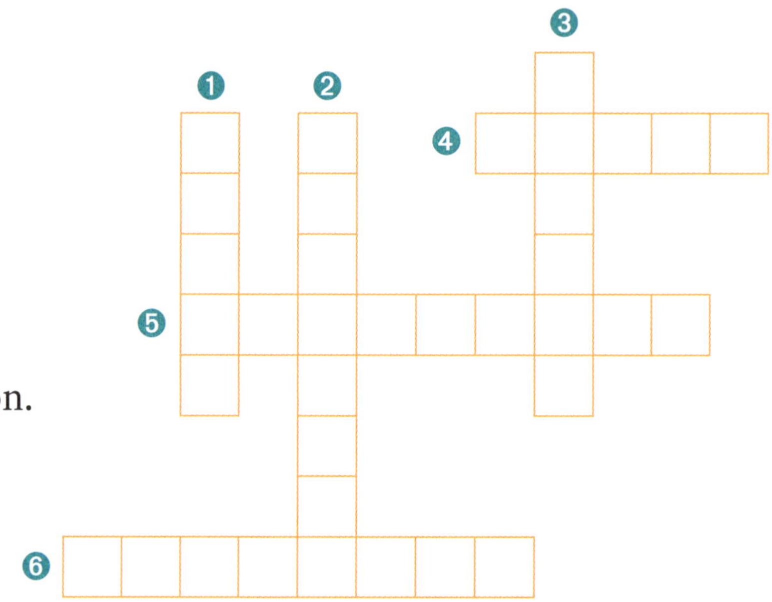

3 Écriture inventée Écris ce que tu vois.

• ....

• ....

Date ....

C'est moi qui invente

Pages 22 à 27

1 Continue la « prière » de Lulu Vroumette et illustre-la.

Tu peux t'aider des mots écrits au tableau.

Je souhaite

Je souhaite

Je souhaite

Date ....

C'est moi qui invente

Pages 28 à 32

1 Imagine la fin de l'histoire de Lulu Vroumette et écris-là. Puis illustre-la.

Tu peux t'aider des mots écrits au tableau.

Date ....

Je comprends (1)

Pages 28 à 32

1 Dans chaque série, colorie la phrase qui vient en premier dans l'album.

Lulu Vroumette ouvre un œil, puis deux.
Les mots sont trop petits, quand c'est si joli.

Lulu Vroumette se sent si grande !
J'ai pris ta carapace pendant que tu te baignais.

Tu grandis si vite.
On ne dit jamais l'âge des tortues.

2 Entoure les mots qui correspondent au texte de l'album.

- Lulu Vroumette entend la voix (d'acacia / douce) de sa maman.
- Lulu Vroumette voit une (petite / belle) carapace de tortue avec un ruban (rouge / jaune) autour.
- Lulu Vroumette se sent si (fatiguée. / véloce.)

3 Écris ce que dit Lulu Vroumette à la page 30 de l'album.

Date ....

Je comprends (2)

Pages 28 à 32

1 Ouvre l'album aux pages 28 à 32 et réponds aux consignes.

- Repère des éléments de l'illustration que l'on ne retrouve pas dans le texte.

- Repère des éléments du texte qu'on ne retrouve pas dans l'illustration.

2 Transforme la phrase en ajoutant des mots.

Je vois une carapace de tortue.

3 Transforme la phrase en enlevant des mots.

Tu grandis si vite que j'ai pris ton ancienne carapace, pendant que tu te baignais dans la rivière, pour être sûre d'en acheter une nouvelle à la bonne taille.

Mémo p.41

Date ....

J'étudie le son [ɲ]

[ɲ]

gn

1 Entoure le dessin si tu entends [ɲ]. Mets une croix où tu entends [ɲ].

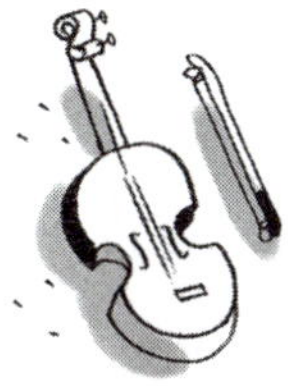

2 Écris le mot qui convient sous chaque dessin. Attention, il y a un intrus !

la baignoire | le peigne | la montagne | la montre

....

....

....

3 Écris les mots.

une ....

le ....

une ....

4 Écriture inventée

Écris ce que tu vois.

• ....

• ....

Date ……………………………………………

Je donne mon avis

1 Numérote les albums dans l'ordre de tes préférences.

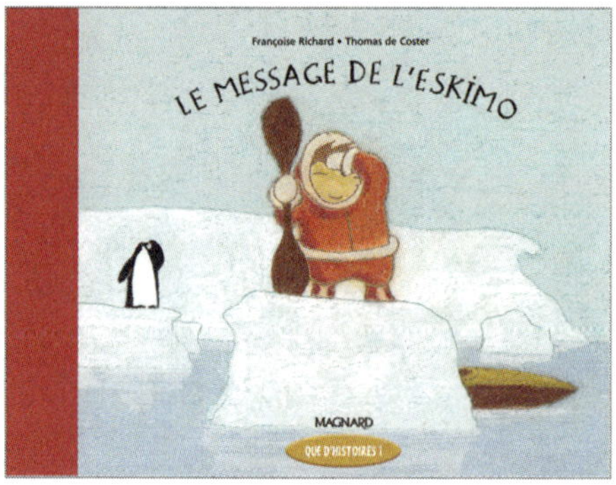

2 Recopie le titre de l'album que tu as préféré et explique pourquoi.

……………………………………………………………………

J'ai préféré cet album parce que…

Date ....

Je joue avec les mots

1 Lis les charades et retrouve à chaque fois le bon mot.

charade | bonbon | maman | impoli

1. Mon premier est le contraire de *mauvais*.
Mon second est le contraire de *mauvais*.
J'adore mon tout.
Réponse : ....

2. Mon premier est avant deux.
Mon deuxième recouvre notre corps.
Je dors dans mon troisième.
J'espère que tu n'es pas mon tout.
Réponse : ....

3. Sur mon premier on accroche la voile des bateaux.
Mon deuxième ne dit pas la vérité.
Mon tout est quelqu'un de très précieux.
Réponse : ....

4. Mon premier a des moustaches et adore les souris.
Mon deuxième n'aime pas les chats.
Mon troisième vient après 1.
Mon tout est un jeu auquel tu joues en ce moment.
Réponse : ....

2 Invente une charade à partir du mot « bonsoir ».

....

....

....

Date ....

Je joue avec les mots

1 Déchiffre les rébus et écris les mots à la bonne place.

ravin demain parapluie rideau
girafe farine dessiner départ cartable

....

....

....

....

....

....

....

....

....

2 Invente un rébus à partir de chaque mot.

chapeau

cadeau

Date ....

Je joue avec les mots

1 Lis les définitions et complète la grille.

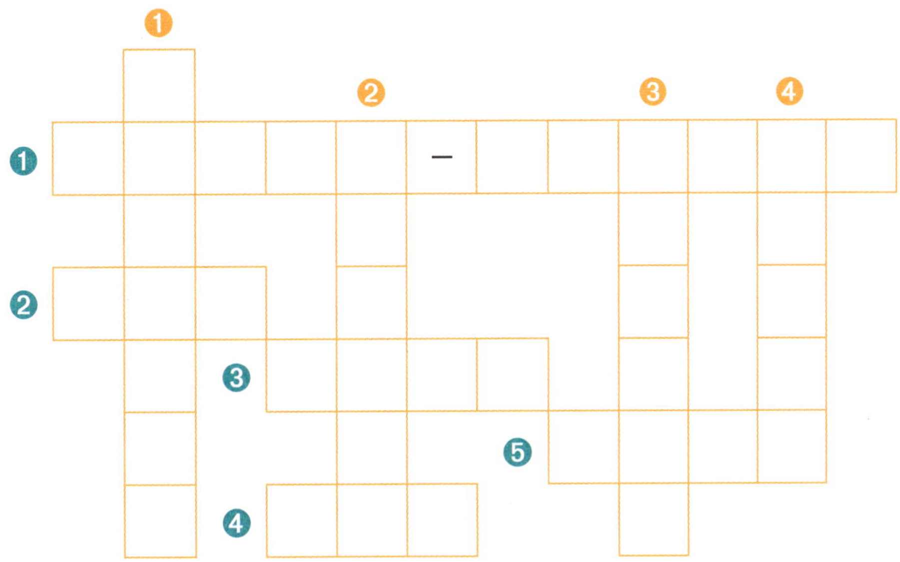

Horizontal

❶ Il est minuscule et pourtant il en a des pattes.
❷ L'oiseau y dort.
❸ C'est le prénom de la petite fille qui doit apprivoiser un dragon.
❹ Chaque matin, dans le poulailler, il est le premier à chanter.
❺ La nuit, elle brille dans le ciel.

Vertical

❶ Elle coule et en Afrique des crocodiles s'y prélassent.
❷ Kautahuk en est un.
❸ Lulu Vroumette en est une.
❹ C'est là que tu apprends à lire, à écrire…

Conception maquette intérieure et couverture : Delphine d'Inguimbert

Illustrations : Olivier Latyk, Anne Cresci, MariOn Vandenbroucke

Réalisation : Al'Solo – **Édition :** Julie Delaere.

Dépôt légal : mars 2010 – N° Éditeur : 2010 / 138
Achevé d'imprimer en février 2010 par L.E.G.O. (Italie)